La historia de

Toro Sentado

Jeffrey A. Rucker

Traducción al español: Tomás González

Rosen
REAL
READERS
en español

Rosen Classroom Books & Materials
New York

Published in 2002 by The Rosen Publishing Group, Inc.
29 East 21st Street, New York, NY 10010

First Library Edition in Spanish 2002
First Library Edition in English 2001

Book Design: Haley Wilson

Photo Credits: Cover, pp. 1, 4, 6–7, 8–9, 11, 12, 14–15, 16, 22 © Corbis-Bettmann; p.19 © AP/Wide World Photos; p. 20–21 © Archive Photos.

Rucker, Jeffrey A.
        La historia de Toro Sentado / Jeffrey A. Rucker; traducción al español: Tomás González.
p. cm. - (The Rosen Publishing Group's
        reading room collection)
        Includes index.
        Summary: This book describes the life of Sitting Bull, chief of the Sioux nation who fought for his people to keep their land.

        ISBN: 0-8239-8318-8 (pbk)
        ISBN: 0-8239-6516-3 (hc)
        6-pack ISBN 0-8239-6577-5

1. Sitting Bull, 1834?-1890--Juvenile literature
2. Dakota Indians--Kings and rulers--Biography--Juvenile literature 3. Hunkpapa Indians--Biography--Juvenile literature 4. Dakota Indians--History--Juvenile literature
[1. Sitting Bull, 1834?-1890 2. Spanish language materials 3. Dakota Indians--Biography
3. Indians of North America--Biography] I. Title

Manufactured in the United States of America

Contenido

4

Toro Sentado

Toro Sentado fue un intrépido jefe **sioux** que luchó por la libertad y la tierra de su pueblo. Nació a comienzos de la década de 1830 en las **praderas** de Norteamérica, en la región de lo que es ahora Dakota del Sur. Toro Sentado fue un indio norteamericano. Pertenecía a los hunkpapa, uno de los muchos grupos que conformaban la **Nación** Sioux, y se convirtió en un gran líder de su pueblo.

Al principio Toro Sentado fue conocido por su pueblo como "*Hunkeshnee*", palabra sioux que significa "lento". *Hunkeshnee* pensaba muy bien las cosas antes de hacerlas.

Cuando Toro Sentado era joven, se llamaba *Hunkeshnee*.

6

La infancia de un sioux

Durante su infancia, Toro Sentado y sus amigos aprendieron importantes destrezas mientras jugaban. Cazaban con arcos y flechas, corrían y nadaban. Además, observaban atentamente a sus padres y trataban de actuar como ellos.

Toro Sentado demostró ser un valiente **guerrero**. A los diez años de edad mató su primer búfalo, a los catorce ganó su primera **distinción** de batalla, y desde entonces fue famoso por su **valor** y su fuerza.

Toro Sentado se ganó su nombre cuando detuvo a un toro que le embestía. Luego lo obligó a "sentarse".

Estados Unidos quiere la tierra de los sioux

Toro Sentado se convirtió en jefe de su tribu en la década de 1860, época en que se descubrió oro en la tierra de los sioux. La gente del Este quería ir al Oeste a buscar oro. El gobierno de los Estados Unidos envió **soldados** para que compraran la tierra de los sioux. Pero los sioux no querían venderla.

Los soldados trataron de apoderarse por la fuerza de la tierra y los sioux se defendieron. Los soldados prometieron que dejarían de atacarlos si los sioux les entregaban parte de la tierra. Como querían la paz, los sioux aceptaron.

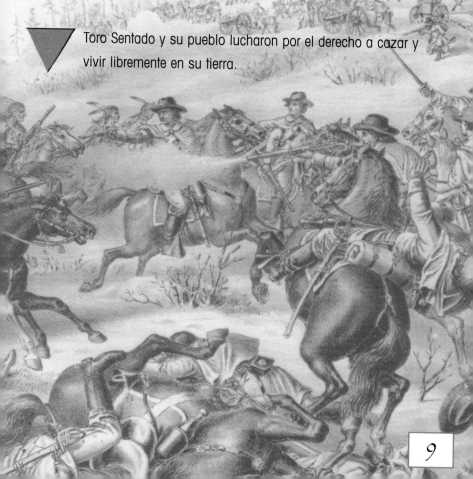

Toro Sentado y su pueblo lucharon por el derecho a cazar y vivir libremente en su tierra.

A las reservaciones

Después, los soldados quisieron apoderarse aún de más tierra. Obligaron a los sioux y a otras tribus de indios norteamericanos a dejar sus territorios e irse a vivir a **reservaciones**.

En 1876, Toro Sentado se unió a otros jefes sioux para luchar por su tierra y su libertad. Durante un encuentro de las tribus sioux, cheyene y arapaho, los indios fueron atacados por el general Custer. Las tribus se defendieron y ganaron una batalla que les permitió vivir en libertad durante algunos años más. Ésta se conoce como la batalla de *Little Big Horn.*

Muchas pinturas de la batalla de *Little Big Horn* hacen creer que el general Custer está ganando; pero en realidad los indios fueron los vencedores.

11

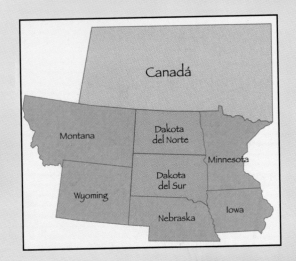

Canadá

Montana

Dakota del Norte

Minnesota

Dakota del Sur

Wyoming

Nebraska

Iowa

La marcha

Después de ganar la batalla, las distintas tribus siguieron sus propios caminos. Toro Sentado y los sioux se quedaron cazando en lo que consideraban su territorio. El acuerdo que firmaron decía que les pertenecía el territorio de lo que hoy es Dakota del Norte y Dakota del Sur.

Pero el gobierno también quería esa tierra. Se enviaron soldados para que mataran a los búfalos que cazaban los sioux. Los sioux necesitaban a los búfalos para sobrevivir. Se alimentaban de su carne y hacían su ropa y construían sus **viviendas** con las pieles de los búfalos. Pero los sioux estaban cansados de luchar y decidieron dejar su país e irse a Canadá.

Dejar su país fue doloroso para los sioux.

13

Los sioux pasan hambre

Toro Sentado y su pueblo permanecieron en Canadá durante cuatro años. Como quedaban pocos búfalos para cazar allí, los sioux no tenían ni comida ni vivienda. Estaban hambrientos y padecían de frío. Entonces, decidieron regresar a su reservación.

Cuando Toro Sentado regresó, el gobierno de Estados Unidos sintió temor de que quisiera luchar otra vez. El gobierno encarceló a Toro Sentado durante dos años, a pesar de que había prometido no hacerlo.

Sin búfalos para cazar en Canadá, los sioux se vieron obligados a regresar a la reservación.

El Espectáculo del Salvaje Oeste

Por aquella época Toro Sentado ya era muy famoso. Un hombre llamado Buffalo Bill Cody lo visitó y le pidió que participara en el Espectáculo del Salvaje Oeste que se presentaba por todo el país. Toro Sentado aceptó. Deseaba escapar de la reservación y ganar dinero. Los estadounidenses querían conocer al hombre que había ganado la batalla contra el general Custer.

Cuando Buffalo Bill le pidió que viajara con el espectáculo a Inglaterra, Toro Sentado rehusó. Dejó el espectáculo y regresó a la reservación donde ayudó a su pueblo a cultivar la tierra y a criar animales.

Toro Sentado conoció el modo de vida de los blancos mientras viajaba con Buffalo Bill y el Espectáculo del Lejano Oeste.

No se pierde la esperanza

Poco después de que Toro Sentado regresó con su gente, el gobierno de Estados Unidos decidió que quería más tierra de la reservación sioux. Toro Sentado no quiso entregarla, pero más tarde otros jefes sioux le venderían casi toda la tierra al gobierno.

Toro Sentado veía lo tristes y angustiados que estaban en su pueblo. Quería darles esperanza de que las cosas mejorarían y les dejó que celebraran la danza del espíritu. Ésta era una poderosa manera de rezar. Rezar era parte importante de la vida de los sioux. Rezar les daba esperanza.

La música y la danza son muy importantes para los sioux. Para ellos ésas son formas de rezar y fortalecerse.

19

Luchar hasta el final

El gobierno de los Estados Unidos temía que la danza del espíritu le diera a los sioux esperanza y fuerza y que pudieran defenderse de nuevo. Entonces les prohibió celebrarla, pero los sioux se negaron. El gobierno decidió **arrestar** a Toro Sentado, y así mantener a los sioux bajo control.

Soldados sioux que trabajaban para el gobierno vinieron a arrestar a Toro Sentado. Su hermano trató de protegerlo y disparó su arma por error. Los soldados respondieron a tiros y mataron a Toro Sentado, a su hermano, a su hijo y a otras doce personas.

Se cree que éste hombre fue el soldado que mató a Toro Sentado.

21

Un hombre fuerte

Toro Sentado fue un hombre de gran fortaleza y **valor** que deseaba lo mejor para su pueblo. Una vez dijo: "El Gran Espíritu nos dio esta tierra y aquí está nuestro hogar".

Toro Sentado luchó por lo que creía justo: el derecho de su pueblo a vivir en paz en su país. La fortaleza de Toro Sentado ayudó a su pueblo a luchar por su tierra y su libertad.

Glosario

arrestar
Llevar a alguien a la cárcel.

distinción
Reconocimiento por una acción bien realizada.

guerrero, ra
Persona que ha luchado en muchas batallas.

nación (la)
Grupo de personas que tienen la misma lengua e historia.

pradera (la)
Superficie grande y plana de tierra.

reservación (la)
Tierra que el gobierno destina para que los indios vivan en ella.

sioux (los)
Tribu de indios que vivió en las grandes praderas de Norteamérica.

valor
La fuerza para hacer frente a los peligros, al miedo y a los problemas.

vivienda
Sitio donde las personas se protegen del clima y de los peligros.

Índice